Uwe Böschemeyer

30 Tage
Mut zum Leben

skv edition

Die Deutsche Bibliothek – CIP-Einheitsaufnahme

30 Tage Mut zum Leben / Uwe Böschemeyer. – Lahr :
SKV-Ed., 1998
(30-Tage-Bücher ; Nr. 93272)
ISBN 3-8256-3272-5

»30 Tage Bücher« Nr. 93 272

Gesamtherstellung:
St.-Johannis-Druckerei, 77922 Lahr
Printed in Germany   5528/1998

Mut zum Leben

Mut zum Leben zu finden ist deshalb von besonderer Bedeutung, weil wir in einer Welt leben, in der die Angst umgeht. Mut aber ist der Gegenpol zur Angst.

Die folgenden Gedanken zum Thema sind nicht am Schreibtisch erdacht. Sie sind das Ergebnis langjähriger Erfahrung mit Menschen.

Ihr Uwe Böschemeyer

1 Nach den *Möglichkeiten* werde ich Ausschau halten.

Mut, das ist das starke Gefühl, sich von inneren und äußeren Bedrängnissen nicht alles gefallen lassen zu müssen, sondern darauf Einfluß nehmen zu können.
Mut, das ist das starke Gefühl, Schwierigkeiten gewachsen zu sein.
Mut, das ist die *jedem* Menschen gegebene Möglichkeit, sich durch die Angst »hindurchzuglauben« und ihr so wenig wie möglich Raum zu überlassen. Mut, das ist der bewußt einseitige Blick auf die *Möglichkeiten*, die im Leben liegen. Mut ist das Gefühl, das sich bei dem einstellt, der sich gegen einengendes leeres, krankmachendes Leben empört.

2 Ich werde danach fragen, was mir besonders wichtig ist.

2

Mut ist keineswegs nur eine angeborene Eigenschaft, keineswegs auch nur das Ergebnis kluger Erziehung. Mut hat vor allem mit Geist zu tun. Denn Mut kommt in dem Maße auf, in dem ich mir darüber Klarheit verschaffe, was mir besonders *wichtig* ist und was ich unbedingt *will*.

Je klarer mir ist, *was* mir wichtig ist und *was* ich will, desto leichter entwickelt sich in mir der Mut. Wenn mir zum Beispiel klargeworden ist, daß Unwahrhaftigkeit mich belastet und Wahrheit mich befreit, werde ich – mutiger als bisher – sagen, was ich denke, und tun, was ich sage.

3 Ich werde nicht resignieren.

3

Die traurige Schwester des Mutes ist die Mutlosigkeit. Man nennt sie Resignation. Sie ist der einzige wirkliche Feind des Menschen.

Resignation ist vor-zeitige Beendigung der Suche nach den Möglichkeiten, die *unentdeckt* im Leben liegen. Resignation ist kraftlos-trotzige Abwehr und Verweigerung weiterer Suche nach ungelebtem Leben.

Wer resigniert, gibt auf: sich selbst, andere, die Welt – und damit gibt er auf, was jeder Mensch vor allem anderen braucht: die Hoffnung auf Voll-Endung des eigenen Lebens.

Resignation ist keine Lebensmöglichkeit.

4 Ich werde die Hoffnung nie aufgeben.

4

Hoffnung, das ist der stärkste Beweg-Grund im Menschen und daher die lebendigste Quelle für Sinn.

Hoffnung ist ein Element, das im Leben selbst beheimatet ist.

Die Vergangenheit prägt den Menschen, die Hoffnung zieht ihn in *neue* Lebenserfahrungen.

Wer hofft entwickelt ein Gefühl für werdendes, sich veränderndes Leben. Er erwartet Neues: neue Perspektiven, neue Erfahrungen, neuen Sinn. Wer hofft, will leben. Wer hofft, begrenzt die Macht der alten, niederziehenden Erfahrungen. Wer hofft, öffnet dem Mut den Weg ins Leben.

5 Wenn ich den Mut verloren habe werde ich ihn wieder suchen.

5

Der Gegenpol des Mutes ist die Angst. Angst ist das Gefühl, eingeengt und unfrei zu sein, nicht mehr selbst handeln zu können, keinen Boden mehr unter den Füßen zu haben.
Angst ist die schlimmste Geißel des Menschen.
Wer zuviel Angst hat, fühlt zuwenig Mut. Wer zuwenig Mut fühlt, hat ihn (nur) vergessen. Denn der Mut ist eine Eigenschaft, die *jedem* Menschen eigen ist. Sie ist unverlierbar. Wer sie verloren hat, kann sie deshalb wiederentdecken.

Das gilt wirklich für jeden?
Das gilt für jeden.

6 Ich fange an, an den Mut in mir zu glauben.

6

Ob Sie einmal die Augen schließen und sich Ein-Fälle zu der Frage kommen lassen: Was wäre, wenn ich mutiger wäre und also weniger Angst vor dem Urteil der Menschen hätte? Mir kommen diese Ein-Fälle:

Ich wäre weniger bekümmert. Mir wäre leichter ums Herz. Ich würde mehr wagen. Ich würde mir manchen lang gehegten Wunsch erfüllen. Ich würde mich selbst mehr herausfordern. Ich würde leichter auf Menschen zugehen. Ich würde ihnen häufiger sagen, was ich denke. Ich hätte vor ihnen weniger Angst. Ich hätte auch weniger Angst vor dem Leben. Ich könnte leichter an die Liebe glauben. Ich könnte leichter sterben.

7 Der Mut meiner Träume wird zum Mut meiner Tage.

7

Einer sagt: Ich habe durch viel Leid den Mut verloren. Ein anderer meint: Ich habe ihn noch nie gehabt. Noch einmal: Mut ist ein Gefühl, das *jedem* Menschen eigen ist. Er kann verschüttet sein, auch wenig erprobt und erlebt. Doch verloren geht er der Seele nie. Er bleibt eine reale Möglichkeit. Daher wartet er darauf, entdeckt zu werden. In wie vielen Träumen scheinbar mutloser Menschen zeigt er sich! In wie vielen Nächten kommt er uns nahe! Warum? Damit wir ihn endlich ergreifen. Damit wir endlich mit ihm zu leben beginnen. Damit wir endlich aufhören, den vielen überflüssigen Ängsten unseren Tribut zu zahlen.

8 Ab heute werde ich wieder die grünen Wiesen der Freude suchen.

8

Mut hat viel mit Freiheit zu tun. Der Mutige hat seine Fesseln satt. Er hat Hunger nach Freiheit. Er will Freiheit endlich leben.

Kann es sein, daß Sie zu wenig Hunger nach Freiheit haben – und *deshalb* der Mut nicht genug angefordert wird? Darüber würde ich nachdenken.

Kann es sein, daß Sie die Bilder von den grünen Wiesen der Freude und der Lust am Dasein zu blaß haben werden lassen? Kann es sein, daß Sie nicht den Mut, sondern den *Blick* für das verloren haben, was darauf wartet, von Ihnen erlebt zu werden?

Kann das sein?

9 Ich werde wieder Stunden der Besinnung suchen.

9

Ein Mensch wächst in dem Maße über sich hinaus, in dem er in sich *hineinwächst*. Das heißt: In dem Maße, in dem er fühlt, denkt, sagt und tut, was *ihm* entspricht, findet er Mut, setzt er sich durch, gewinnt er Freiheit, gewinnt er den Mut zu jener Freiheit, die er für ein *gelingendes* Leben braucht.

Niemand ist schwächer als der nur von außen gesteuerte Mensch – und sei er nach außen auch noch so erfolgreich. In dem Maße nämlich, in dem er sich selbst und seine innersten Strebungen verleugnet, verhindert er, daß sich die Türen zu jenen inneren Kammern öffnen, in denen die Kräfte lagern, die stärker sind als alle äußeren Mächte.

10 Mehr als bisher werde ich das Gute im Leben suchen.

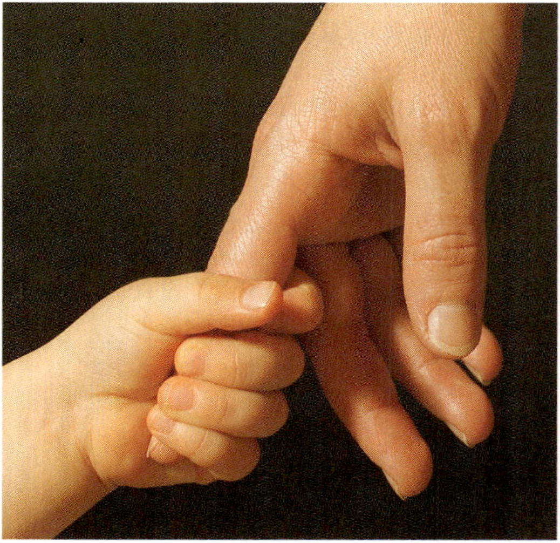

Mut hat auch mit Vertrauen zu tun, mit Vertrauen ins Leben. Vertrauen ins Leben ist das Bemühen darum, nicht nur mit Widrigkeiten zu rechnen, die sich einstellen *könnten*, sondern auch mit *Möglichkeiten*, die noch nicht sichtbar sind. Vertrauen ist das Wagnis, immer wieder auch an die Güte des Lebens zu glauben.

Und das ist eine Sache der Erfahrung: Je mehr ich mich guten neuen Erfahrungen öffne, desto eher treffen sie ein. Doch leider gilt auch dieses: Je mehr ich auf Widrigkeiten *warte*, desto sicherer treffen sie ein. Warum? Weil die aufkommende Erwartungsangst den möglichen Mut zum Leben behindert.

11 Ich werde auch einmal nach meiner Feigheit fragen.

11

Manchmal, wenn's niemand hört, kann es gut sein, sich seine eigene Feigheit einzugestehen.
Zugegeben: Ein solches Eingeständnis löst zunächst nicht gerade Freude aus. Dann aber, wenn ich mir des ganzen Ausmaßes meiner Feigheit bewußt geworden bin, kommt jene heilsame Empörung über mich selbst zustande, die stark genug ist, mich fortan mutiger zu zeigen.
Seltsam, daß hilfreiche Kuren solcher Art so selten in Anspruch genommen werden.

12 Ich werde mich nicht mehr ständig absichern.

12

Zu den großen Feinden des Mutes gehört der Egoismus. Er hat viele Facetten. Eine davon ist die Sorge darum, *trotz* eines mutigen Schrittes scheitern zu können und dann von den »Leuten« schief angesehen zu werden.

Dabei ist Scheitern menschlich. Scheitern gehört in diese Welt. Und selbst das Zugeständnis von Scheitern kann noch ein mutiger Akt sein.

Wer dagegen auf jeden Fall Scheitern vermeiden möchte, verzichtet auf mutige Schritte und damit auf den Mut selbst – also auf eine der wesentlichen Voraussetzungen für gelingendes Leben.

13 Ich widerstehe der Sorge!

13

Die Sorge: Sie ist ein besonders unangenehmes Gespenst. Sie bezieht sich immer auf Künftiges, nie auf Gegenwärtiges, nie also auf das Leben *in* der Zeit. Sie unterhöhlt den Mut wie wenige andere Gefühle, denn sie ist ausschließlich auf mögliche Barrieren, nie auf mögliche Freiräume ausgerichtet. Sie unterhöhlt den Mut, weil sie der Hoffnung den Blick auf mögliche Lösungen versperrt.

Wie befreit man sich von diesem Gespenst? Dadurch, daß man ihr Wesen zu durchschauen beginnt. Dadurch, daß man sich darüber empört. Dadurch, daß man sich auf den lebensfreundlichen Mut besinnt – und das in der Stille.

14 Ich werde mehr wagen.

14

Es ist besser, mutig zu sein und dann zu scheitern, als gar nicht mutig gewesen zu sein. Es ist besser, zu wagen und dann zu verlieren, als gar nichts gewagt zu haben.

Wer nicht den Mut wagt, gleicht dem, der seine Kräfte noch spürt, sie aber nicht mehr gebraucht, der den Ruf des Retters noch hört, ihm aber nicht antwortet.

Auf Wagnisse würden Sie verzichten? *Sicherheit* wäre für Sie ein kostbarerer Wert? Seltsam: auf einem galoppierenden Pferd sitzt man am sichersten, wenn man sich *ganz* auf das lebendige Wesen einläßt.

15 Ich sage »ja« zum Leben.

15

Wenn Sie aus nächster Nähe den Gipfel des Berges sehen und den letzten steileren Pfad nicht gehen –, wenn der Mensch, in den Sie schon lange verliebt sind, Ihnen zulächelt und Sie ihn nicht ansprechen –, wenn Ihnen endlich die Aufgabe, die Sie schon lange so gern übernehmen wollten, übertragen wird und Sie nein sagen –, wenn Sie nach vielen Jahren spüren, daß in Ihr Leben, ganz anders als in der vergangenen Zeit, Glückstropfen fallen und Sie sie nicht aufzufangen wagen – dann kommt Trauer in mir auf.
Auf diese Kostbarkeiten wollen Sie verzichten, nur weil Sie Ihre Angst ernster nehmen als Ihre Sehnsucht?

16 Wenigstens einmal werde ich heute Stehvermögen zeigen.

16

Das ist eine Sache der Erfahrung: Je mehr sich ein Mensch kennt – nicht nur in seinen hellen, auch in seinen dunklen Seiten –, desto weniger braucht er sich etwas vorzumachen.
Je weniger er sich etwas vormacht, desto weniger braucht er sich zu verstecken. Je weniger er sich versteckt, desto mehr Stehvermögen entwickelt er. Stehvermögen ist der Lieblingsbruder des Mutes. Stehvermögen ist die Fähigkeit, Schwierigkeiten nicht zu übersehen, sich selbst aber stark genug zu fühlen, um ihnen nicht aus dem Weg gehen zu müssen.
Wer diesen »Bruder« kennengelernt hat, wird nie mehr auf ihn verzichten wollen.

17 Ich werde häufiger danach fragen, was wichtig ist und was nicht.

17

Ein besonderer Bruder des Mutes ist der Humor. Humor ist mehr als gute Stimmung, ist jenes Lachen, das vom Herzen kommt und manchmal nur in Augenwinkeln sichtbar wird.
Humor ist Ausdruck der inneren Freiheit, des inneren Abstandes zu sich und anderen, ist helle, warme Heiterkeit des Herzens, die viel Erfahrung hat und ganz viel davon weiß, daß Leben möglich ist, so oder so.
Deshalb ist ein humorvoller Mensch kein ängstlicher, sondern ein mutiger.
Kann man Humor erwerben? Ja. Der erste Schritt dazu ist die Besinnung darauf, was wirklich wichtig ist im Leben – und was nicht.

18 Wie denke ich jetzt – pro oder contra Leben?

18

Bekanntlich wohnen zwei Seelen in unserer Brust. Die eine ist *für*, die andere *gegen* Leben. Das war schon immer so. Die eine will frei sein, verzagt nicht rasch, ist mutig – die andere findet sich mit ihren Fesseln ab und läßt sich rasch entmutigen.

In jedem von uns sind diese beiden Seiten vorhanden. Das muß man wissen. Vor allem aber muß man *beide* Seiten kennen! Und wer sie kennt, wird sich immer wieder die hilfreiche Frage stellen: Wer spricht jetzt in mir: der Lebensverneiner oder der Lebensbejaher?

19 Ich gebe dem Leben eine Chance, und nicht nur eine.

19

Wer zu begreifen begonnen hat, daß »Mut zum Leben« eine der wesentlichen Voraussetzungen für gelingendes Leben ist, sollte fortan auf folgende Sätze verzichten:
Ich sollte doch mal versuchen ...
Eigentlich wollte ich immer schon mal ...
Wenn es denn sein muß ...
Ich muß irgendwie sehen ...
Ich glaube zwar nicht, daß ich es schaffen werde, aber ...
Na gut, dann tue ich es eben ...
Mir bleibt nichts anderes übrig als ...
Wenn man es denn von mir erwartet ...
Ich habe ja keine andere Wahl ...
Wahrscheinlich schaffe ich es nicht ...
Meine Hoffnung ist zwar gering, aber ...

20

Ich vertraue dem Leben.

20

Wer zu begreifen begonnen hat, daß »Mut zum Leben« eine der wesentlichen Voraussetzungen für gelingendes Leben ist, sollte sich an Sätze gewöhnen wie diese:
Ich werde es schon schaffen ...
Dieses Mal wird es gutgehen ...
Ich glaube, das wird gelingen ...
Wenn nicht jetzt, wann denn?
Packen wir's an ...
In Gedanken daran kommt Freude auf ...
Warum sollte ich heute versagen?
Wir werden das Kind schon schaukeln ...
Heute bin ich sicher, daß ich ...
Dieser Zeitpunkt ist günstig ...
Das wird mir ein Vergnügen sein ...
Ich hoffe ganz stark, daß ...

21 Ich fühle mich *ein* in das, was ich will.

21

Eine der besten Hilfen, Mut zu finden, besteht darin, sich ein-zudenken, ein-zufühlen, ein-zuträumen in das, wofür ich mutig sein möchte.

Das, was ich möchte, stellt einen Wert dar, und nichts ist attraktiver für mich als der Wert, der mein Leben wert-voller machen soll.

Wenn ich etwa einem Menschen sagen möchte, was mir gestern an seinem Verhalten mißfallen hat, lasse ich mir innerlich ganz nahekommen, wie es wäre, wenn ich ihm, aufrecht dastehend, mit sicheren Worten sagte, was ich ihm zu sagen hätte.

22

Ich achte
mehr *darauf*,
was ein Mensch aus sich
gemacht hat.

22

Das Feld im Leben, in dem am meisten Mut erwartet wird, ist die Beziehung von Mensch zu Mensch. Und mutlos ist vor allem der, der sich vor dem Urteil anderer Menschen fürchtet. Einige Gedanken dazu:

Wonach beurteilen *Sie* selbst Menschen?
Nach dem, was sie haben?
Nach dem, was sie sind?
Nach dem, was sie wollen?
Nach dem, was sie können?
Sie beurteilen andere Menschen nicht nach dem, was sie aus sich und dem, was sie ins Leben mitbrachten, *gemacht* haben?
Danach beurteilen Sie sie nicht?

23 Ich muß mich mit niemandem vergleichen.

23

Kein Mensch gleicht einem anderen.
Kein Mensch ist wie Sie. Keiner hat Ihr Schicksal und keiner Ihre Geschichte. Und also ist da keiner, mit dem Sie sich vergleichen müßten oder der mit Ihnen vergleichbar wäre. Und also ist da keiner, mit dem Sie sich oder der sich mit Ihnen vergleichen *dürfte!*
Ahnen Sie, welche Freiheit und welcher Mut Ihnen in der Beziehung zu anderen zuwachsen könnte, wenn Sie diesen Zusammenhang tiefer als bisher *verstehen* würden?

24 Als Erwachsener bin nur *ich* für mein Leben verantwortlich.

24

Sie sagen vielleicht, Sie seien als Kind nicht angenommen worden, könnten sich deshalb selbst nicht akzeptieren und seien aus diesem Grunde Menschen gegenüber unsicher. Das mag sein. Ich frage Sie jedoch: Muß deshalb Ihre Unsicherheit Menschen gegenüber auch *bleiben*?

Eltern sind dazu da, Kinder ins Leben zu leiten, nicht, sie durchs Leben zu führen. Deshalb frage ich Sie: Lassen Sie sich noch so stark von Ihren Eltern beeinflussen, daß Sie Ihr Urteil über sich selbst von *ihnen* abhängig machen? Das muten Sie sich zu? Dagegen machen Sie keine Revolution?

25 Ich werde so wenig wie möglich ausweichen.

25

Vielleicht weichen Sie zu oft vor Menschen aus. Warum?
Weil Sie Angst haben, andere könnten Ihnen Ihren guten Ruf, Ihre Würde, Ihre Existenzgrundlage nehmen? *Könnten* sie das?
Mit jedem Ausweichen vor dem Leben verstärkt sich die Angst – und also auch die vor Menschen.
Aber auch das gilt: Mit jedem Nicht-Ausweichen vermindert sich die Angst vor dem Leben – und also auch die vor Menschen.

26 Das kann ich wohl!

26

So manches Mal, wenn ein Mensch sagt: »Das kann ich nicht!«, schauen sich die inneren Kräfte verwundert an und sagen zueinander: »Trifft es tatsächlich zu, daß der Mensch, dem wir zur Verfügung stehen, uns nicht kennt?« Dann schütteln sie ihre Köpfe und ziehen sich in sich zurück.
Von manchen Kräften weiß man auch, daß sie in den langen Warteräumen zum Leben eingeschlafen sind und erst wieder geweckt werden müssen.

27

Ich suche die
Freiheit in mir.

27

Das ist das Menschliche im Menschen: Er ist nicht nur triebbestimmt, sondern auch und vor allem sinnorientiert. Das heißt für unser konkretes Leben: Von Trieben werden wir getrieben, um Freiheit müssen wir kämpfen. Von Wut werden wir gepackt, um Versöhnung müssen wir ringen. Von Haß werden wir übermannt, nach Liebe müssen wir suchen. Zur Abhängigkeit werden wir verführt, um Selbstbestimmung müssen wir uns bemühen. Von Angst werden wir überfallen, nach Mut müssen wir uns ausstrecken.

Denn alles Menschliche im Menschen kommt nicht von selbst.

28

Ich werde nicht gleich verzagen.

28

Frei sein, mutig sein, glücklich sein wollen viele, aber nur wenige haben die Bereitschaft, *selber* die Voraussetzungen dafür zu schaffen.
Mag sein, daß dieser tief-sinnige Satz, den ich einmal aufgesammelt habe, den ersten Anstoß dazu geben kann: »Der Adler kann nicht vom flachen Boden wegfliegen; er muß mühselig auf einen Fels oder Baumstrunk hüpfen. Von dort aber schwingt er sich zu den Sternen.«

29 In der Tiefe liegt der Grund zum Mut.

29

Besonders *der* Mensch entwickelt Mut zum Leben, der tief im Leben gegründet ist und in der Tiefe Halt gefunden hat.

Wo ist denn die Tiefe zu finden?
In uns, nur in uns selbst – wo sonst? Und wo in uns?

In unseren Träumen, in unseren inneren Bildern, in unserem Inneren: da, wo es ganz still in uns wird und wir den Grund des Seins zu ahnen beginnen.
Nein, ich habe nichts dagegen, diesen Seinsgrund Gott zu nennen.

30 Ich kann heute neu beginnen!

30

Jeder Tag ist ein kleines neues Leben.
Jeder neue Tag gleicht einer unberührten Straße Schnee. Am Anfang eines neuen Tages bin ich noch nicht ausgewichen. Am Anfang eines neuen Tages wartet der Mut darauf, daß ich ihn ins Leben rufe. Heute am Morgen wartet meine Seele darauf, daß ich sie nicht enttäusche.
Heute am Morgen ruft sie mich wieder in die Freiheit.
Heute ist Zeit, das Beste aus mir herauszuleben.
Warum kann das sein?
Weil dem Menschen, jedem Menschen, der Mut zum *Leben* mitgegeben wurde.

Bildnachweis:
Umschlagbild:
Innenbilder: S. 4: M. Essler; S. 6: J. Vogt; S. 8: Ch. Palma; S. 10: K.-B. Kertscher; S. 12: M. Mehlig; S. 14: Ch. Palma; S. 16: K. Radkte; S. 18: H. + B. Dietz; S. 20: Ch. Palma; S. 22: W. Matheisl; S. 24: K. Radtke; S. 26: Ch. Palma; S. 28: U. Schneiders; S. 30: E. Geduldig; S. 32: Dr. Titz/ TIPHO-Bildarchiv; S. 34: K. Forster; S. 36: U. Kröner; S. 38: W. Baumann; S. 40: Th. Harbig; S. 42: W. Okon; S. 44, 46: Ch. Palma; S. 48: R. Haak; S. 50: H. Herfort; S. 52: K. Scholz; S. 54, 56: Ch. Palma; S. 58: W. Okon; S. 60: J. Hammerbacher; S. 62: G. Weissing